CHRONOLOGIE

CLASSIQUE

POUR SERVIR

A L'ÉTUDE DE L'HISTOIRE UNIVERSELLE

A L'USAGE

des Maisons d'Éducation
et des Cours préparatoires aux Examens

PAR

Mme J. ANTOINE

Directrice d'un Cours pour les jeunes personnes.

PARIS
LIBRAIRIE L. HACHETTE ET Cie
BOULEVARD SAINT-GERMAIN, 77

1896

CHRONOLOGIE

CLASSIQUE

PARIS. — IMPRIMÉ CHEZ BONAVENTURE ET DUCESSOIS
55, QUAI DES GRANDS-AUGUSTINS.

CHRONOLOGIE
CLASSIQUE

POUR SERVIR

A L'ÉTUDE DE L'HISTOIRE UNIVERSELLE

A L'USAGE

des Maisons d'Éducation
et des Cours préparatoires aux Examens

PAR

Mme J. ANTOINE

Directrice d'un Cours pour les jeunes personnes.

PARIS
LIBRAIRIE L. HACHETTE ET Cie
BOULEVARD SAINT-GERMAIN, 77

1862

AVANT-PROPOS

En livrant à la publicité ce petit travail, fruit de plusieurs années d'expérience dans l'enseignement, l'auteur n'a d'autre prétention que d'offrir aux élèves un moyen facile de classer dans leur mémoire les faits importants de l'histoire.

Chaque siècle a sa part dans les progrès de l'humanité, et l'esprit en saisit mieux la marche, quand on donne aux événements un lien d'unité, en les rattachant à certaines époques ; la chronologie devient alors le fil conducteur qui nous guide à travers l'immensité des temps. C'est elle qui nous apprend que Scipion, Annibal, Philopœmen sont morts la même année ; que Carthage et Corinthe sont tombées le même jour ; c'est elle encore qui nous montre Abdérame tout-puissant à Cordoue, pendant que Louis le Débonnaire laisse tomber en ruine l'empire de Charlemagne ; et Louis XIV, à l'apogée de sa gloire, dictant la paix à l'Europe par le traité de Nimègue, au moment où la royauté lutte péniblement en Angleterre contre les exigences du Parlement.

Nous avons séparé le travail par siècles, afin que cette chronologie pût s'appliquer à toutes les méthodes; en effet, quel que soit le principe adopté par le professeur, soit qu'il développe lui-même les événements, soit qu'il se contente d'interroger, quelques dates apprises chaque jour dans un ordre suivi, aident puissamment à la classification des faits, sans fatiguer la mémoire ni l'intelligence.

A partir du VIIIe siècle avant Jésus-Christ, les événements commençant à se multiplier, nous avons placé comme sommaire, en tête de chaque siècle, quatre ou cinq faits généraux d'une importance plus marquée, que l'on pourra se contenter de faire apprendre aux mémoires rebelles, ou aux enfants plus jeunes; car l'étude de l'histoire est de tous les âges, et le résultat dépend souvent de la manière de l'enseigner.

Évitant toute recherche minutieuse sur les chronologies anciennes, nous avons suivi l'ordre des temps adopté par l'Université; et pour les temps modernes, l'excellent ouvrage de M. Dreyss nous a été d'un grand secours. Enfin, nous avons fait tous nos efforts pour rendre notre cadre aussi restreint que possible; et, si l'on nous reproche d'avoir omis beaucoup de faits importants, nous croyons du moins qu'on n'en rencontrera pas un seul dont la connaissance soit inutile.

CHRONOLOGIE
CLASSIQUE

L'histoire se divise en trois époques :

L'histoire ancienne, qui commence à la création du monde, et se prolonge jusqu'à la mort de Théodose, en 395. Quelques auteurs la continuent jusqu'à la chute de l'empire romain et l'invasion des Barbares, en 476.

L'histoire du moyen âge qui commence à la mort de Théodose, au partage de l'empire entre ses deux fils, et se termine à la prise de Constantinople par les Turcs, en 1453.

L'histoire des temps modernes, qui commence à la chute de l'empire grec et la prise de Constantinople par les Turcs, et se continue jusqu'à nos jours.

CHRONOLOGIE AVANT JÉSUS-CHRIST

4963   Création du monde.
3308   Déluge universel.
2907   Tour de Babel.
       Dispersion des hommes.
2640   Nemrod, petit-fils de Cham, fonde Babylone sur les rives de l'Euphrate.

2340 Assur fonde Ninive sur les rives du Tigre.
2300 L'Arabie divisée en deux parties : l'Yémen et l'Hedjaz.
2450 L'Égypte sous le gouvernement des rois pasteurs, nommés Pharaons.
2397 Ère cyclique des Chinois.
Chaque cycle se composait de 60 années.
Les Chinois font remonter leur chronologie bien au delà de la création du monde.
2310 Invasion des pasteurs arabes en Égypte.

XXIIIᵉ SIÈCLE

AVANT J.-C.

2296 Vocation d'Abraham.
Sodome, Gomorrhe et trois autres villes sont détruites; à leur place surgit le lac Asphaltite ou mer Morte. Loth est sauvé.
2241 Sacrifice d'Abraham sur le mont Moria.
2218 Conquête de Babylone par les Arabes.
2205 Dynastie Hia en Chine.

XXIᵉ SIÈCLE.

2096 Joseph est vendu par ses frères à des marchands ismaélites, qui l'emmènent en Égypte.
2089 Fondation de Sicyone, en Grèce.
2059 Mort de Jacob, en Égypte.
2050 Les rois pasteurs sont chassés d'Égypte par Thoutmosis, qui se fait reconnaître roi.

XXe SIÈCLE.

1993 Les Arabes sont chassés de Babylone par Bélus.
1990 Mœris, roi d'Égypte, fait creuser un lac pour recevoir les eaux du Nil pendant les inondations. Construction des Pyramides.
1968 Mort de Bélus, roi d'Assyrie ; son fils Ninus lui succède.
1920 Les Pélasges en Grèce.
1916 Mort de Ninus, Sémiramis règne seule.
1900 Royaume de Mégare fondé par les Pélasges.

XIXe SIÈCLE.

1880 Royaume de Sparte, fondé par les Pélasges.
1874 Ninias succède à sa mère Sémiramis.
1832 Déluge d'Ogygès.

XVIIIe SIÈCLE.

1767 Deuxième dynastie en Chine : les Tchang.
1725 Persécution des Israélites, en Égypte. Naissance de Moïse.
1700 Royaume de Messénie fondé par les Pélasges.

XVIIe SIÈCLE.

1695 Les Pélasges en Italie ; origine du Latium.

1645 Sous le règne d'Aménophis, roi d'Égypte, Moïse délivre les Israélites de la servitude et les conduit au désert.
1643 Des colonies d'Égyptiens et de Phéniciens s'établissent en Grèce.
Cécrops fonde Athènes et institue l'Aréopage.
1640 Conquêtes de Sésostris, fils et successeur d'Aménophis.
1605 Mort de Moïse sur le mont Nébo.
1600 Prise de Jéricho. Josué fait entrer les Israélites dans la terre promise.

XVIe SIÈCLE.

1590 Déluge de Deucalion.
1580 Mort de Josué.
Cadmus fonde Thèbes, en Béotie.
Hellen succède à Deucalion son père.
Conseil amphictyonique.
1568 Royaume de Troie, Dardanus premier roi.
1554 Les Israélites sous le gouvernement des juges; Othoniel premier juge.
1500 Une tribu de Sicaniens s'établit dans l'île de Trinacrie, qui prend le nom de Sicanie.
Minos, roi de Crète.

XVe SIÈCLE.

1440 Les Hellènes Dorus, Æolus, Xutus, dominent en Grèce après la mort de leur père; leurs descendants seront les Doriens, les Eoliens, les Achéens et les Ioniens. Achæus et Ion étaient les deux fils de Xutus.

XIVe SIÈCLE.

1392 Origine de la Macédoine.
1362 Origine du Péloponèse.
1330 Temps héroïques en Grèce.
      Linus, Orphée, Musée.
1323 Thésée réunit les bourgs fondés par Cécrops et forme Athènes.
1313 Guerre de Thèbes ; lutte entre Étéocle et Polynice ; dévouement d'Antigone.

XIIIe SIÈCLE.

1289 Les Sicules, chassés d'Italie, passent dans la Sicanie, et donnent à cette île le nom de Sicile.
1280 Siége de Troie ; il dura dix ans.
1270 Après la prise de Troie, plusieurs guerriers qui y ont pris part vont s'établir dans l'Italie méridionale ; Énée se fixe dans le Latium.
1259 Carthage fondée par une colonie de Phéniciens.

XIIe SIÈCLE.

1190 Conquête du Péloponèse par les Doriens.

1158 Fondation d'Albe par Ascagne, fils d'Énée.
1132 Mort de Codrus, la royauté abolie à Athènes, l'archontat institué.
1122 Troisième dynastie en Chine; les Tchéou.
1105 Origine de Cumes et de Naples.

XIe SIÈCLE.

1080 Les Israélites sous le gouvernement des rois; Saül premier roi.
1001 Mort de David; Salomon lui succède.

Xe SIÈCLE.

962 Mort de Salomon; Roboam lui succède. Schisme des dix tribus.

IXe SIÈCLE.

866 Lycurgue donne des lois à Sparte.
860 Carthage agrandie par Didon.

VIIIe SIÈCLE.

776 Ère des Olympiades.
753 Fondation de Rome.

SEPTIÈME SIÈCLE.

747 Ère de Nabonassar.
718 Destruction du royaume d'Israël.

776 Première Olympiade en Grèce.
759 Mort de Sardanapale, roi d'Assyrie; fin du premier empire d'Assyrie.
    Arbacès est roi de Médie; Phul, de Ninive, et Bélésis, de Babylone.
753 Fondation de Rome par Romulus.
747 Ère de Nabonassar, roi de Babylone, qui succède à son père Bélésis.
744 Guerre de Messénie; les Spartiates sont vainqueurs.
718 Prise de Samarie par Salmanasar, roi d'Assyrie; les habitants sont emmenés captifs à Ninive. Destruction du royaume d'Israël.
708 Candaule, roi de Lydie, est assassiné par le berger Gygès qui lui succède.

VIIe SIÈCLE.

668 Destruction du royaume de Messénie.
625 Second empire d'Assyrie.
600 Fondation de Marseille.

684 Seconde guerre de Messénie; Aristomène, chef des Messéniens; Tyrtée le poëte, chef des Spartiates.

684 L'archontat annuel est substitué à Athènes à l'archontat décennal; Créon archonte.
680 Destruction du royaume de Babylone par Assar-Haddon, roi de Ninive, qui le réunit à son royaume.
668 Destruction du royaume de Messénie par les Spartiates; les habitants sont réduits en esclavage; ceux qui s'échappent vont fonder Messine, en Sicile.
650 Psammétichus, l'un des douze rois d'Égypte, triomphe des autres, et gouverne seul; il ouvre ses ports aux étrangers.
625 Destruction du royaume de Ninive par Nabopolassar, gouverneur de Babylone. Second empire d'Assyrie, Babylone capitale.
624 Dracon donne des lois à Athènes.
614 Émigration des Gaulois sous Sigovèse et Bellovèse.
600 Fondation de Marseille par une colonie de Phocéens.

VIe SIÈCLE.

593 Solon, législateur d'Athènes.
587 Destruction du royaume de Juda.
560 Cyrus réunit la Médie et la Perse.
536 Édit de Cyrus, qui rend la liberté aux Juifs.

593 Solon est chargé de modifier les lois de Dracon.

CINQUIÈME SIÈCLE.

589 Zoroastre fonde la religion des Perses.
587 Destruction de Jérusalem par Nabuchodonosor II, roi d'Assyrie; Sedécias, dernier roi.
     Fondation de Milan, en Italie.
572 Prise de Tyr, par Nabuchodonosor II, après un siége de treize ans.
560 Cyrus réunit la Médie à la Perse.
548 Bataille de Thymbrée, gagnée par Cyrus sur Crésus, roi de Lydie.
538 Prise de Babylone, par Cyrus; Balthasar, dernier roi.
536 Édit de Cyrus, qui permet aux Juifs de retourner dans leur patrie.
530 Mort de Cyrus; son fils, Cambyse II, lui succède.
510 Les Pisistratides chassés d'Athènes; Hippias se réfugie à la cour de Perse.
     L'ostracisme institué à Athènes.
509 Tarquin le Superbe, septième roi de Rome, est chassé; la république est proclamée; Junius Brutus, et Collatin, mari de Lucrèce, sont nommés consuls.
     Conquête de l'Inde, par Darius; l'empire des Perses dans toute sa gloire.
504 Troubles dans l'Ionie; Aristagoras et Histié de Milet soulèvent les villes grecques; Sardes est brûlée.

Ve SIÈCLE.

496 Guerres médiques, en Grèce.
449 Traité de paix de Cimon.

431 Guerre du Péloponèse.
404 Destruction d'Athènes.

498 La dictature instituée à Rome.
496 Première guerre médique; Mardonius, gendre de Darius, commande l'expédition.
490 Bataille de Marathon; victoire de Miltiade.
488 Coriolan à la tête des Volsques, met le siége devant Rome; aux prières de sa mère, il s'éloigne, mais il périt bientôt après dans une émeute populaire.
480 Seconde guerre médique; expédition de Xerxès; combat de Salamine, victoire de Thémistocle; Léonidas aux Thermopyles.
479 Bataille de Platée, gagnée par Pausanias; combat de Mycale, victoire des Grecs.
451 Institution du décemvirat à Rome.
449 Traité de paix de Cimon; fin des guerres médiques.
431 Guerre du Péloponèse; elle durera vingt-sept ans et se terminera par la destruction d'Athènes.
429 Mort de Périclès; la peste désole la Grèce.
415 Expédition de Sicile.
Alcibiade, Nicias et Lamachus se partagent le commandement.
405 Bataille d'Ægos-Potamos, gagnée par Lysandre: Fin de la guerre du Péloponèse.
404 Prise et destruction d'Athènes, par les Lacédémoniens.
401 Révolte du jeune Cyrus contre son frère Artaxer-

xès, roi de Perse; bataille de Cunaxa; retraite des dix mille.

400 Mort de Socrate.

IVᵉ SIÈCLE.

390   Prise de Rome par les Gaulois.
358   Guerre sociale en Grèce.
331   Fin de l'empire des Perses.
301   Bataille d'Ipsus entre les généraux d'Alexandre.

390 Première invasion des Gaulois en Italie. Rome capitule; elle est délivrée par Camille.
388 Taité d'Antalcidas; les villes grecques d'Asie restent au pouvoir d'Artaxerxès Mnémon, roi de Perse.
371 Bataille de Leuctres, gagnée par Épaminondas et Pélopidas, généraux thébains, sur Cléombrote, roi de Sparte.
363 Bataille de Mantinée; mort d'Épaminondas.
360 Philippe II, roi de Macédoine, succède à son père Perdiccas III. Création de la phalange macédonienne.
358 Guerre sociale en Grèce. Chio, Chos, Rhodes et Byzance se soulèvent contre Athènes.
355 Guerre sacrée contre les Phocidiens.
347 Prise d'Olynthe par Philippe.
342 Guerre des Romains contre les Samnites; elle durera soixante-dix ans, à plusieurs reprises.

338 Guerre sacrée contre les Locriens; bataille de Chéronée, gagnée par Philippe, roi de Macédoine.
336 Alexandre, âgé de vingt ans, succède à son père Philippe.
Darius Codoman, roi de Perse.
333 Bataille d'Issus, gagnée par Alexandre sur les Perses. Conquêtes d'Alexandre. La Phénicie, la Palestine, l'Égypte se soumettent.
332 Siége de Tyr; construction d'une chaussée pour joindre la ville au continent.
331 Bataille d'Arbelles, gagnée par Alexandre. Fin de l'empire des Perses.
323 Mort d'Alexandre à Babylone; il était âgé de trente-trois ans. Régence de Perdiccas.
321 Première ligue des généraux d'Alexandre : Antipater, Cratère, Antigone et Ptolémée, contre Perdiccas et Eumène. Perdiccas est assassiné.
L'armée romaine passe sous le joug des Samnites, commandés par Herennius, au défilé des Fourches-Caudines.
317 Phocion, général athénien, est condamné à boire la ciguë.
Agathocle est nommé tyran de Syracuse.
311 Traité de paix entre les généraux d'Alexandre : Cassandre, gouverneur de la Macédoine; Lysimaque, de la Thrace; Séleucus, de Babylone. Ère des Séleucides à Babylone.
301 Bataille d'Ipsus, en Phrygie, gagnée par Séleucus et Lysimaque, sur Antigone et Démétrius Poliorcète.
Partage définitif de l'empire d'Alexandre en qua-

tre royaumes : Séleucus a la Syrie; Ptolémée, l'Égypte; Cassandre, la Macédoine; et Lysimaque, la Thrace.

IIIe SIÈCLE.

280 Invasion des Gaulois en Grèce.
264 Première guerre punique.
243 Réformes d'Agis à Sparte.

283 Ptolémée Philadelphe succède à son père Ptolémée Lagus sur le trône d'Égypte. Fondation de la bibliothèque d'Alexandrie. Traduction des livres saints en grec par soixante-dix rabbins ; cette traduction se nomme version des septante.
280 Pyrrhus, roi d'Épire, appelé par les Tarentins, passe en Italie, il remporte la victoire d'Héraclée.
Invasion des Gaulois en Grèce.
Formation de la ligue achéenne.
272 Fin de la guerre des Samnites.
Mort de Pyrrhus.
264 Première guerre punique. Les Romains et les Carthaginois en Sicile.
263 Ptolémée, roi d'Égypte, interdit l'exportation du papyrus; invention du parchemin à Pergame.
255 Défaite et captivité de Régulus en Afrique.
249 Fin de la dynastie des Tcheou, en Chine. Qua-

trième dynastie, celle des Thsin, qui a donné son nom au pays.

247 Amilcar Barca commande les armées carthaginoises en Sicile.

243 Réformes d'Agis, roi de Sparte, qui veut faire revivre les lois de Lycurgue.

241 Bataille des îles Egates. La Sicile carthaginoise devient province romaine.

237 Conquêtes des Carthaginois en Espagne sous la conduite d'Amilcar Barca.

225 Cléomène, roi de Sparte, poursuit les réformes d'Agis; tous les biens sont en mis en commun. Nouvelle invasion des Gaulois en Italie.

221 Victoire de Sellasie; Cléomène est défait par la ligue achéenne; ses réformes sont abolies à Sparte.

Annibal, fils d'Amilcar Barca, prend le commandement des troupes carthaginoises en Espagne.

220 Formation de la ligue étolienne. Guerre entre les deux ligues.

218 Seconde guerre punique; Annibal en Italie; victoires du Tesin et de la Trébia.

216 Bataille de Cannes, victoire d'Annibal, désastre des Romains. Annibal se retire à Capoue.

214 Marcellus, général romain, assiége Syracuse; le siége dure deux ans. Mort d'Archimède.

207 Bataille du Métaure; mort d'Asdrubal, frère d'Annibal.

204 Expédition de Scipion en Afrique.

203 Annibal, rappelé à Carthage, quitte l'Italie.

202 Bataille de Zama, gagnée par Scipion sur Annibal.
Cinquième dynastie en Chine, les Han.

IIe SIÈCLE.

148 La Macédoine devient province romaine.
124 Premières conquêtes des Romains dans la Gaule.
109 Destruction de Samarie par Jean Hircan.
103 Les Cimbres et les Teutons défaits par Marius, dans la Gaule.
197 Bataille de Cynocéphale, gagnée par les Romains sur Philippe, roi de Macédoine.
190 Bataille de Magnésie, gagnée par Scipion l'Asiatique sur Antiochus, roi de Syrie.
187 Mort d'Antiochus III le Grand, tué par ses sujets.
183 Philopœmen, à l'âge de soixante-dix ans, est condamné à boire la ciguë.
Annibal, réfugié chez Prusias, roi de Bithynie, s'empoisonne pour ne pas tomber entre les mains des Romains.
Mort de Scipion l'Africain, à Liternum.
169 Antiochus-Épiphane fait égorger 80,000 hommes à Jérusalem.
168 Bataille de Pydna, gagnée par Paul-Émile sur Persée, roi de Macédoine.

166 Révolte de Mathathias, grand prêtre de Jérusalem; il prend les armes contre Antiochus.
160 Judas Machabée, fils de Mathathias, envoie une ambassade à Rome; il meurt dans une bataille contre les Syriens.
149 Révolte de Viriathe, en Espagne. Mort de Massinissa, roi de Numidie.
148 La Macédoine devient province romaine.
146 Prise et destruction de Carthage par Scipion-Émilien.
Prise de Corinthe; la Grèce est réduite en province romaine.
134 Prise et destruction de Numance par Scipion-Émilien.
133 Troubles à Rome au sujet de la loi agraire. Mort de Tibérius Gracchus.
129 Premières conquêtes des Romains en Asie.
124 Premières conquêtes des Romains dans la Gaule. Fondation d'Aix. (Aquæ Sextiæ.)
120 Avènement de Mithridate VII, roi de Pont.
117 Fondation de Narbonne.
112 Guerre contre Jugurtha.
109 Destruction de Samarie par Jean Hircan.
103 Défaite des Cimbres et des Teutons par Marius.

Ier SIÈCLE.

88   Rivalité de Marius et de Sylla.
60   Premier triumvirat à Rome.

58 Commencement des conquêtes de César dans la Gaule.
48 Bataille de Pharsale.

91 Guerre sociale en Italie.
88 Rivalité entre Marius et Sylla ; Marius, proscrit, s'enfuit en Afrique.
Guerre contre Mithridate, roi de Pont.
82 Dictature de Sylla, à Rome.
73 Révolte de Spartacus, chef des gladiateurs.
70 Conquête du royaume de Pont par les Romains.
65 Mithridate se donne la mort.
64 Conjuration de Catilina ; Cicéron est nommé père de la patrie.
La Syrie devient province romaine.
63 La Judée sous le gouvernement des Romains.
60 Premier triumvirat à Rome : Pompée a le gouvernement de l'Espagne pour cinq ans ; Jules César, la Gaule Cisalpine ; et Crassus, la Syrie.
58 Premières conquêtes de César dans la Gaule.
54 Expédition de Crassus contre les Parthes ; il périt ainsi que son fils.
50 La Gaule, conquise par Jules César, devient province romaine.
48 Bataille de Pharsale. Pompée va chercher un asile en Égypte, il est assassiné par ordre de Ptolémée.
46 César passe en Afrique ; la Numidie devient province romaine.
44 César est assassiné par Brutus, Cassius, etc.
43 Second triumvirat : Antoine, Octave et Lépide.

42 Bataille de Philippes, en Macédoine. Brutus se donne la mort.
40 Hérode, roi de Judée.
31 Bataille navale d'Actium, gagnée par Octave sur Antoine.
27 Octave se fait donner le nom d'Auguste.
17 Construction d'un nouveau temple à Jérusalem.
9 Une partie de la Germanie est conquise par les Romains.
6 Naissance de Jésus-Christ.

On pense que cette erreur de date est due à Denys le Petit.

ÈRE CHRÉTIENNE.

Ier SIÈCLE.

33 Mort de Jésus-Christ.
42 Saint Pierre établit à Rome le siége de l'Église.
55 Avènement de Néron.
70 Destruction du temple de Jérusalem.

4 Auguste adopte Tibère.
9 Désastre des légions romaines dans la Germanie, sous la conduite de Varus.
14 Mort d'Auguste; avènement de Tibère.
19 Mort de Germanicus, empoisonné par Pison.
30 Baptême de Jésus-Christ par saint Jean.
33 Mort de Jésus Christ.
36 Saint Pierre fonde l'Église d'Antioche; les disciples de Jésus prennent le nom de chrétiens.
37 Mort de Tibère; Caïus Caligula, fils de Germanicus, lui succède.
41 Caligula est assassiné; Claude, frère de Germanicus, est nommé empereur.
42 Saint Pierre vient à Rome et y établit le siége de l'Église.

50 Premier concile tenu à Jérusalem ; cinq apôtres y assistent : Pierre, Paul, Jean, Jacques et Barnabé.
55 Avénement de Néron, empereur romain.
66 Première persécution des chrétiens ; mort de saint Pierre et de saint Paul à Rome.
68 Mort de Néron ; Galba, âgé de soixante-douze ans, lui succède.
70 Destruction du temple de Jérusalem, incendié malgré les ordres de Titus, général romain.
79 Titus est nommé empereur ; il succède à son père Vespasien.
Éruption du Vésuve ; Herculanum et Pompéia sont englouties.
93 Seconde persécution des chrétiens. Domitien fait jeter saint Jean l'évangéliste dans une chaudière d'huile bouillante ; mais le saint ne meurt pas, et l'empereur l'exile à Pathmos, où saint Jean écrit l'Apocalypse.
96 Nerva empereur romain. Commencement du siècle des Antonins, qui se termine à Marc Aurèle.
100 Mort de saint Jean à Éphèse.

IIe SIÈCLE

APRÈS J. C.

117 Trajan dépose Chosroès, roi des Parthes.

135 Dispersion des Juifs.
174 La légion fulminante sauve l'armée de Marc Aurèle.
193 L'empire romain mis à l'encan.

107 Troisième persécution, sous Trajan.
117 Trajan, vainqueur des Parthes, dépose leur roi Chosroès, puis il meurt en Cilicie.
118 Adrien, successeur de Trajan, rétablit Chosroès sur le trône, et l'Euphrate devient la limite des deux États.
135 Construction d'Ælia Capitolina sur les ruines de Jérusalem. Dispersion des Juifs.
Ptolémée établit son système astronomique.
138 Mort d'Adrien; Antonin le pieux lui succède.
C'est sous le règne d'Antonin que fut, dit-on, construit le magnifique temple d'Héliopolis, aujourd'hui Baalbek en Syrie.
161 Mort d'Antonin; Marc Aurèle et Varus règnent ensemble sans partage.
163 Quatrième persécution des chrétiens.
166 Arrivée en Chine de l'ambassade romaine, envoyée par Antonin; elle avait mis quatre ans à faire le voyage.
174 La légion fulminante, composée de chrétiens, sauve l'armée de Marc Aurèle dans les montagnes de la Bohême.
180 Mort de Marc Aurèle; Commode, son fils, lui succède.
Fin du siècle des Antonins.

193 Anarchie militaire à Rome; l'empire est mis à l'encan.
199 Tertullien prend la défense des chrétiens et publie l'Apologétique.

IIIe SIÈCLE.

222 Dynastie des Sassanides en Perse.
255 Concile de Carthage.
273 Défaite de Zénobie; ruine de Palmyre.
277 Probus permet aux Francs de s'établir dans la Gaule.

202 Cinquième persécution, sous Septime Sévère.
211 Mort de Septime Sévère; Caracalla et Géta, ses fils, lui succèdent.
212 Géta est assassiné par son frère.
217 Caracalla est assassiné par Macrin, préfet du prétoire.
222 Alexandre Sévère succède à Héliogabal.
Dynastie des Sassanides, en Perse, établie sur les ruines des Parthes.
235 Sixième persécution. Mort d'Alexandre Sévère; Maximin lui succède.
243 Les Francs commencent à paraître dans la Gaule; ils sont défaits près de Mayence.
249 Septième persécution; Décius empereur.
255 Concile tenu à Carthage; on y reconnaît la néces-

	sité du baptême pour détruire le péché originel.
257	Huitième persécution; Valérien empereur.
261	Révolte dans la Gaule; Posthumus est nommé empereur.
267	Odenath, roi de Palmyre, est assassiné; Zénobie, sa femme, règne seule.
273	Neuvième persécution. Défaite de Zénobie par Aurélien; ruine de Palmyre.
277	Probus, empereur, permet aux Francs de s'établir dans la Gaule.
284	Avénement de Dioclétien.
285	Insurrection des Bagaudes.
286	Dioclétien partage avec Maximien le titre d'Auguste.
287	Les Saxons commencent à paraître sur les côtes de la Grande-Bretagne.
292	Dioclétien crée deux césars : Constance Chlore et Galérius.

IVᵉ SIÈCLE.

325	Concile de Nicée.
329	Fondation de Constantinople par Constantin.
360	Julien proclamé Auguste par l'armée des Gaules.
395	Mort de Théodose; l'empire est partagé entre ses deux fils.

303 Dixième persécution ; ère des martyrs.
305 Abdication de Dioclétien et de Maximien. Constance Chlore et Galérius sont nommés Augustes.
312 Apparition de la croix lumineuse à Constantin. Le Labarum sera désormais son étendard.
323 Constantin seul maître de tout l'empire.
325 Concile de Nicée, qui condamne l'hérésie d'Arius. Symbole de Nicée.
329 Fondation de Constantinople par Constantin.
337 Constantin meurt à Nicomédie, après avoir reçu le baptême.
355 Julien est envoyé dans la Gaule par l'empereur Constance.
360 Julien est proclamé Auguste par l'armée des Gaules.
363 Mort de Julien l'Apostat ; Jovien lui succède.
375 Gratien empereur ; il s'associe son frère Valentinien II.
379 Gratien donne l'empire d'Orient à Théodose.
381 Concile de Constantinople ; Macédonius, qui niait la divinité du Saint-Esprit, est condamné comme hérésiarque.
390 Massacre de Thessalonique ; pénitence de Théodose.
395 Mort de Théodose, à Milan ; ses deux fils lui succèdent : Honorius est nommé empereur d'Occident, sous la conduite du Vandale Stilicon ; et Arcadius, empereur d'Orient, sous le gouvernement du Gaulois Rufin.

MOYEN AGE.

Ve SIÈCLE.

406   Les Suèves, les Bourguignons, les Vandales envahissent la Gaule.
410   Siége et pillage de Rome par Alaric.
414   Ataulf fonde, en Espagne, la monarchie des Visigoths.
420   Pharamond, chef des Francs, est élevé sur le pavois.
476   Odoacre, chef des Hérules, met fin à l'empire d'Occident.

406   Les Suèves, les Vandales et les Bourguignons envahissent la Gaule; Radagaise, chef des Suèves, est défait par Stilicon.
408   Stilicon est mis à mort par les ordres d'Honorius. Théodose II, fils d'Arcadius, lui succède, sous le gouvernement de sa sœur Pulchérie.
410   Siége de Rome par Alaric; la ville est livrée au pillage; la même année, Alaric meurt dans le sud de l'Italie, et ses soldats détournent le

cours de la Cosenza pour lui creuser un tombeau.

412 Ataulf, successeur d'Alaric, quitte l'Italie et s'établit à Narbonne.

414 Ataulf épouse Placidie, sœur d'Honorius, et passe en Espagne, où il va fonder la monarchie des Visigoths.

420 Avénement de Pharamond, chef des Francs.

425 Mort d'Honorius; Valentinien III, fils de Constance et de Placidie, est nommé empereur.

429 Les Vandales en Afrique; siége d'Hippone; mort de saint Augustin.

431 Concile tenu à Éphèse pour condamner l'hérésie de Nestorius, patriarche de Constantinople, qui niait la divinité de Jésus-Christ.

438 Publication du Code théodosien, à Constantinople.

448 Mérovée est élevé sur le pavois; il donne son nom à la première race des rois de France.

Invasion des Saxons dans la Grande-Bretagne; ils sont appelés par les Bretons pour repousser les Pictes et les Scots.

451 Concile de Chalcédoine, qui condamne l'hérésie d'Eutychès.

Invasion d'Attila dans la Gaule; bataille de Châlons-sur-Marne.

452 Origine de Venise. Les habitants de la Vénétie, effrayés de l'invasion d'Attila, se retirent dans les îles de la mer Adriatique.

Odoacre, chef des Hérules, met fin à l'empire d'Occident; Romulus Augustulus est défait et Rome tombe au pouvoir des barbares.

481 Clovis est nommé roi des Francs.
486 Bataille de Soissons, gagnée par Clovis sur Syagrius, général romain.
491 Révolte des cochers du cirque, à Constantinople, sous le règne d'Anastase le Silentiaire ; les Verts et les Bleus.
493 Mort d'Odoacre ; Théodoric, chef des Ostrogoths, fixe sa résidence à Ravenne.
496 Bataille de Tolbiac, victoire de Clovis sur les Allemands ; il se convertit et reçoit le baptême des mains de saint Remi, évêque de Reims.

VIe SIÈCLE.

511 Mort de Clovis ; partage de ses États.
527 Avénement de Justinien, empereur.
569 Établissement des Lombards en Italie.
597 Conversion du roi de Kent, Éthelbert ; fondation de l'archevêché de Cantorbery.
507 Bataille de Vouillé, près Poitiers, gagnée par Clovis sur les Visigoths ; Alaric II est tué dans le combat.
510 Défaite des Francs, dans les environs d'Arles, par Théodoric, roi des Ostrogoths, qui veut venger la mort d'Alaric.
511 Mort de Clovis ; ses États sont partagés entre ses

quatre fils : Thierry est roi de Metz ; Childebert, de Paris : Clotaire, de Soissons, et Clodomir, d'Orléans.

516 Arthur, chef breton, devient roi d'une partie du pays de Gâlles.

518 Mort d'Anastase, empereur d'Orient; Justin lui succède.

526 Mort de Théodoric, roi des Ostrogoths; son petit-fils, Athalaric, lui succède, sous la tutelle d'Amalasonthe.

527 Justinien, neveu de l'empereur Justin, lui succède.

528 Bélisaire, général de Justinien, est envoyé contre les Perses, il remporte la victoire de Dara.

532 Victoire de Bélisaire sur Gelimer, chef des Vandales en Afrique.

533 Publication du Code de Justinien (les Institutes).

553 L'Italie est au pouvoir de Narsès; Justinien lui confère le titre d'Exarque.

561 Mort de Clotaire Ier. Second partage de la monarchie des Francs.

565 Mort de Justinien; son neveu, Justin II, lui succède.

569 Alboin, chef des Lombards, s'empare de Milan et s'établit en Italie ; Pavie devient la capitale du royaume des Lombards.

579 Mort de Chosroès Ier, roi de Perse.

587 Traité d'Andelot. Confirmation des priviléges accordés aux leudes; origine de l'hérédité des fiefs; Gontran assure la Bourgogne à son neveu Childebert.

597 Le roi de Kent, Éthelbert, est converti par le

moine Augustin, qui fonde l'archevêché de Cantorbéry.

599 Saint Grégoire le Grand introduit dans l'Église l'usage du plain-chant.

VIIᵉ SIÈCLE.

622 Fuite de Mahomet (hégire).
628 Dagobert Iᵉʳ roi des Francs.
652 Chute des Sassanides.
697 Élection d'un doge à Venise.

610 Héraclius est nommé empereur d'Orient.
Mahomet se dit inspiré de Dieu et se fait nommer Prophète.
614 Les Perses à Jérusalem ; ils s'emparent de la vraie croix et emmènent captif le patriarche Zacharie.
622 Mahomet s'enfuit à Médine. Ère des mahométans, l'hégire.
628 Dagobert Iᵉʳ roi des Francs.
Héraclius conclut la paix avec Siroès, roi des Perses, et rapporte à Jérusalem la vraie croix.
632 Mort de Mahomet ; Abou-Beker lui succède. Origine du Coran.
634 Omar, second khalife.
638 Conquête de la Syrie par les mahométans.
640 Destruction de la bibliothèque d'Alexandrie par Omar.

652 L'empire des Sassanides détruit par les Arabes.
655 Khalifat d'Ali.
687 Bataille de Testry, gagnée par Pépin d'Héristal, maire d'Austrasie, sur les Neustriens.
697 Élection de Paul Anafesto, premier doge, à Venise.

VIIIe SIÈCLE.

711 Bataille de Xerès; les Arabes en Espagne.
732 Bataille de Poitiers, gagnée par Charles Martel sur les Sarrasins.
752 Avénement de Pépin le Bref au trône de France.
759 Abdérame s'établit à Cordoue.

711 Bataille de Xerès; Tarik, lieutenant de Musa, entre en Espagne, Rodrigue est défait.
726 Léon III, l'Isaurien, interdit le culte des images; insurrection à Constantinople.
732 Bataille de Poitiers, gagnée par Charles Martel sur les Sarrasins.
752 Avénement de Pépin le Bref; seconde race des rois de France.
755 Pépin donne au pape Étienne II l'exarchat de Ravenne et la Pentapole. Commencement de la puissance temporelle des papes.

759 Fondation du khalifat de Cordoue. Abdérame prend le titre d'émir, et laisse aux Abbassides celui de khalife.
762 Al-Manzor fonde la ville de Bagdad, qui devient le siége des Abbassides.
768 Mort de Pépin; Charles et Carloman, ses fils, lui succèdent.
771 Mort de Carloman, Charlemagne règne seul.
772 Guerre de Saxe; elle durera trente-trois ans, à plusieurs reprises.
774 Didier, roi des Lombards, est défait par Charlemagne. Fin du royaume des Lombards.
777 Diète de Paderborn; Charlemagne reçoit les ambassadeurs de divers États.
778 Les Francs en Espagne; mort de Roland, neveu de Charlemagne.
786 Avénement d'Haraoun-al-Raschid au khalifat de Bagdad.

IXe SIÈCLE.

800 Charlemagne empereur d'Occident.
841 Bataille de Fontenay.
843 Traité de Verdun.
856 Les Normands en France.
862 Rurik et ses frères s'établissent à Novgorod.
871 Avénement d'Alfred le Grand au trône d'Angleterre.

800 Charlemagne est couronné, à Rome, empereur d'Occident.

802 Soulèvement à Constantinople; l'impératrice Irène est renversée du trône par Nicéphore.

814 Mort de Charlemagne à Aix-la-Chapelle; son fils, Louis le Débonnaire, lui succède.

822 Avénement d'Abdérame II, le Victorieux, à Cordoue.

Pénitence publique de Louis le Débonnaire, à Attigny, pour expier la mort cruelle de son neveu Bernard, roi d'Italie.

827 Egbert, roi des quatre royaumes saxons, ajoute à ses États les royaumes des Angles, et réunit l'heptarchie sous sa domination.

833 Diète de Compiègne; Louis le Débonnaire est dépouillé de ses États; son fils Lothaire prend le titre d'empereur.

834 Louis le Débonnaire est rétabli dans ses droits.

837 Les Normands s'établissent dans l'île de Walchren.

840 Mort de Louis le Débonnaire, à Mayence; il était allé combattre son fils, Louis le Germanique.

841 Bataille de Fontenay, entre les fils de Louis le Débonnaire.

843 Traité de Verdun; partage de l'empire entre les trois frères : Lothaire a l'Italie; Louis, la Germanie; et Charles le Chauve, la France.

847 Traité de Mersen entre les trois frères; leurs fils succéderont à leurs États sans nouveau partage.

852 Mort d'Abdérame II; son fils, Mohammed Ier, lui succède. Pendant son règne, Abdérame a enrichi l'Espagne de palais et de mosquées

superbes; il a encouragé les arts, l'industrie et l'agriculture.

855 Éthelwolf, roi de la Grande-Bretagne, voyage avec son plus jeune fils Alfred, et le conduit à Rome.
856 Ravages des Normands en France; ils incendient la cathédrale de Tours.
857 Ignace, patriarche de Constantinople, est chassé par Bardas, oncle de Michel l'Ivrogne; il est remplacé par Photius, capitaine des gardes.
860 Photius est condamné par le pape Nicolas IV.
861 Charles le Chauve donne à Robert le Fort le duché de l'Ile-de-France.
862 Rurik et ses frères, partis de la Scandinavie, s'établissent à Novgorod.
866 Bataille de Brisserte, Robert le Fort est tué dans le combat.
867 Basile le Macédonien fait assassiner Michel l'Ivrogne et monte sur le trône à sa place.
871 Alfred, fils d'Ethelwolf, monte sur le trône d'Angleterre.
877 Capitulaire de Khierzy-sur-Oise, qui consacre l'hérédité des bénéfices.
Mort de Charles le Chauve, avénement de Louis le Bègue au trône de France.
884 Charles le Gros est nommé roi de France.
885 Siége de Paris par les Normands; Charles achète leur retraite.
887 Diète de Tribur; Charles le Gros est déposé. Eudes est nommé roi de France.
893 Charles le Simple est proclamé roi par les grands.

894 Les Hongrois s'établissent sur les bords du Danube.
898 Mort du roi Eudes, Charles seul roi.

Xe SIÈCLE.

904 Les Russes devant Constantinople.
911 Établissement des Normands en France.
962 Othon Ier nommé empereur d'Allemagne.
987 Avénement de Hugues Capet.

901 Mort d'Alfred le Grand, roi d'Angleterre.
904 Les Russes, sous la conduite d'Igor, pénètrent dans le Bosphore, et mettent Constantinople à feu et à sang; l'empereur Léon le Philosophe achète leur retraite.
909 Les Fatimites s'établissent en Afrique.
911 A la mort de Louis l'Enfant, Conrad, duc de Franconie, est élu roi de Germanie.
Établissement des Normands en France; traité de Saint-Clair-sur-Epte: Charles le Simple cède la Neustrie à Rollon, chef des Normands, et lui donne sa fille Gisèle en mariage.
914 Abdérame III, à Cordoue, prend le titre de khalife.
918 Henri Ier de Saxe succède à Conrad, roi de Germanie, sous le nom de Henri l'Oiseleur.
923 Révolte des seigneurs, en France; bataille de

Soissons; Robert est tué dans le combat, et Charles le Simple est fait prisonnier par le comte de Vermandois, qui l'enferme à Péronne.

931 Abdérame III s'empare de Ceuta et de Tanger.
936 Mort de Henri l'Oiseleur, son fils Othon lui succède.
 Mort de Raoul, roi de France; Louis, fils de Charles le Simple, revient d'Angleterre et monte sur le trône.
945 Mort d'Igor, en Russie; son fils Swiatoslaw lui succède, sous la régence d'Olga, sa mère.
950 Boleslas Ier, duc de Bohême, vaincu par Othon, se fait chrétien.
955 La reine Olga se convertit au christianisme, mais son fils garde sa religion.
962 Othon Ier, roi de Germanie, est couronné empereur, à Rome, par le pape Jean XII.
980 Wladimir, troisième fils de Swiatoslaw, succède à son père.
987 Avénement de Hugues Capet. Troisième race des rois de France.
989 Établissement du christianisme en Russie. Wladimir se fait chrétien.
994 La trêve de Dieu, instituée pour prévenir les duels.
999 Gerbert, évêque de Ravenne, est nommé pape sous le nom de Sylvestre II.

XIe SIÈCLE.

1031   Fin du khalifat de Cordoue.
1047   Les Normands s'établissent en Italie.
1066   Conquête de l'Angleterre par Guillaume le Conquérant.
1076   Querelle des investitures.
1081   Dynastie des Comnènes à Constantinople.
1095   Première croisade.

1000   Vaïc, duc de Hongrie, se convertit au christianisme, et prend le nom d'Etienne.
1002   Massacre de la Saint-Brice; tous les Danois sont égorgés, en Angleterre, le jour de la Saint-Brice.
        Commencement de la puissance maritime de Venise.
1024   Expédition des Normands français en Italie.
1031   Fin du khalifat de Cordoue.
1047   Les Normands, établis dans la Pouille, reçoivent de l'empereur la confirmation de leurs titres.
1054   Les envoyés du pape Léon IX quittent Constantinople, indignés de la mauvaise foi du patriarche Michel Cérulaire; le schisme de l'Eglise grecque est consommé.
        Le pape forme une ligue contre les Normands, mais il est défait à Civitella et fait prison-

nier ; cependant, il leur donne l'investiture des territoires qu'ils possèdent et de ceux qu'ils acquerront.

1066 Conquête de l'Angleterre par Guillaume le Conquérant, duc de Normandie.

1076 Lutte entre le pape Grégoire VII et l'empereur d'Allemagne Henri IV; querelle des investitures.

1077 La comtesse Mathilde de Toscane fait don d'une partie de ses biens au Saint-Siége.

1081 Dynastie des Comnènes à Constantinople; Alexis Comnène est nommé empereur.

1084 Henri IV assiége Grégoire VII dans le château Saint-Ange; le pape est délivré par Robert Guiscard, chef des Normands.

1085 Mort de Grégoire VII chez les Normands.

1095 Concile de Clermont. Première croisade.

1099 Prise de Jérusalem par les croisés; Godefroy de Bouillon roi de Jérusalem.

Mort du Cid Rodrigue au siége de Valence.

XIIe SIÈCLE.

1138 Rivalité des Guelfes et des Gibelins en Allemagne.

1144 Le gouvernement républicain à Rome.

1147 Seconde croisade. Louis le Jeune et Conrad.

1173 Institution du grand conseil à Venise.

1190 Troisième croisade. Philippe Auguste et Richard.

1100 Henri Ier succède à Guillaume le Roux, comme roi d'Angleterre.
Mort de Godefroy de Bouillon; son frère Baudouin est reconnu roi de Jérusalem.
Gérard d'Avesnes fonde l'ordre des Hospitaliers de Saint-Jean, à Jérusalem.

1106 Bataille de Tinchebray; Henri Ier enlève la Normandie à son frère Robert et le fait prisonnier.

1118 Hugues de Payens fonde l'ordre des Templiers, à Jérusalem.

1122 Concordat de Worms, qui termine la querelle des investitures.

1128 Roger II, chef des Normands d'Italie, reçoit du pape l'investiture des duchés de Pouille et de Calabre.

1129 Mathilde d'Angleterre, veuve d'Henri V, empereur d'Allemagne, épouse Geoffroy Plantagenet, comte d'Anjou.

1135 Etienne, comte de Blois et de Boulogne, succède à Henri Ier; lutte entre Mathilde et Etienne.

1138 Commencement de la rivalité des Guelfes et des Gibelins. Henri le Superbe et Conrad de Wiblingen se disputent la couronne; Conrad est élu.

1139 Alphonse, fils de Henri, duc de Bourgogne, comte de Portugal, prend le titre de roi.

DOUZIÈME SIÈCLE.

Le pape Innocent II donne à Roger II l'investiture du royaume des Deux-Siciles.

1144 Tentatives d'Arnaud de Brescia pour établir le gouvernement républicain à Rome.

1147 Deuxième croisade, prêchée par saint Bernard ; le roi de France, Louis le Jeune, et Conrad, empereur d'Allemagne partent pour la Terre sainte; l'abbé Suger gouverne la France pendant l'absence du roi.

1152 Mort de Conrad; son neveu, Frédéric Barberousse, lui succède.

Divorce du roi de France, Louis le Jeune, avec Éléonore d'Aquitaine; peu après elle épouse Henri Plantagenet.

1154 Mort d'Etienne de Blois, roi d'Angleterre; Henri Plantagenet lui succède.

1158 Fondation de l'ordre religieux et militaire de Calatrava, en Espagne.

1159 Commencement de la lutte entre Frédéric, empereur d'Allemagne, et le pape Alexandre III, qui veut défendre l'indépendance italienne.

1168 Les villes lombardes fondent, sur le Tanaro, une ville qui reçoit le nom d'Alexandrie, en l'honneur du pape.

1173 Institution du Grand Conseil, à Venise; il est composé de quatre cent soixante-dix membres, nommés par douze électeurs.

1180 Avénement de Philippe Auguste au trône de France.

1183 Paix de Constance, qui assure aux villes alliées

d'Italie leur indépendance, sous la suzeraineté de l'empereur..

1186 Henri, fils de l'empereur Frédéric, épouse la fille de Roger II, roi des Deux-Siciles.

1189 Mort d'Henri II, roi d'Angleterre; son fils, Richard Ier, lui succède.

1190 Troisième croisade. Richard, roi d'Angleterre, et Philippe Auguste partent pour la Terre sainte; Frédéric Barberousse, parti avant eux, meurt en Cilicie, après s'être baigné dans les eaux du Sélef.

Fondation de l'Ordre des Chevaliers teutoniques, par Frédéric de Souabe, fils de Barberousse.

1194 Henri VI est couronné empereur à Rome.

1197 Mort d'Henri VI; son fils Frédéric, âgé de trois ans, lui succède.

1198 Pontificat du pape Innocent III.

1199 Mort de Richard Ier, roi d'Angleterre, au siége de Chalus, près de Limoges.

XIIIe SIÈCLE.

1201 Quatrième croisade.

1204 Empire latin à Constantinople.

1206 Invasion de Gengis-Khan.

1215 Grande charte en Angleterre.

1241 Ligue hanséatique.

1282 Massacre des Vêpres siciliennes.

1201 Quatrième croisade ; Boniface, marquis de Montferrat, Baudouin, comte de Flandre, et d'autres seigneurs demandent des vaisseaux à Venise pour leur expédition.
Fondation de l'ordre des chevaliers Porte-glaive en Livonie.
1203 Assassinat d'Arthur de Bretagne par Jean sans Terre, son oncle. Un arrêt du parlement condamne Jean.
1204 Prise de Constantinople par les croisés.
Baudouin, premier empereur latin.
1206 Invasion de Gengis-Khan, chef des Mongols.
1208 Assassinat du légat du pape Pierre de Castelnau ; le pape Innocent III ordonne une croisade contre les Albigeois.
1214 Bataille de Bouvines, gagnée par Philippe Auguste sur Ferrand, comte de Flandre, Jean sans Terre, roi d'Angleterre et d'autres seigneurs.
1215 Grande charte donnée à l'Angleterre par Jean sans Terre.
1217 Cinquième croisade. Jean de Brienne, André, roi de Hongrie, les ducs de Bavière et d'Autriche font partie de l'expédition.
1226 Mort de Louis VIII, avénement de Louis IX, gouvernement de Blanche de Castille.
1228 Sixième croisade ; Frédéric II, empereur d'Allemagne, part pour la Terre sainte.
1229 Traité de Paris, qui termine la guerre des Albigeois. Raymond VII, comte de Toulouse, vient à Notre-Dame faire amende honorable

de tous les crimes commis dans cette guerre, et donne sa fille Jeanne en mariage au frère du roi, Alphonse.

1241 Commencement de la ligue hanséatique ; Lubeck et quelques villes voisines se réunissent pour chasser les pirates de la mer Baltique.

1243 Les Chevaliers teutoniques s'établissent en Prusse.

1248 Septième croisade; saint Louis s'embarque à Aigues-Mortes. Régence de Blanche de Castille.

1258 Statuts d'Oxford, imposés à Henri III par les barons anglais.

1260 Bataille de Monte-Aperto, Florence perd son étendard, le Carroccio ; et Sienne, en souvenir de sa victoire, fait élever le clocher de Saint-Georges.

1261 Fin de l'empire latin à Constantinople.

1268 Conradin, vaincu par Charles d'Anjou, à Tagliacozzo, meurt sur l'échafaud, ainsi que le jeune Frédéric d'Autriche, son cousin.

1269 La pragmatique sanction, établie par saint Louis.

1270 Huitième croisade. Saint Louis se dirige vers l'Afrique, débarque à Tunis, et meurt peu après.

1271 Voyages de Marco Polo dans l'Inde et la Chine.

1272 Édouard Ier succède à Henri III son père, sur le trône d'Angleterre.

1273 Avènement de Rodolphe de Habsbourg au trône impérial.

1282 Massacre des Français à Palerme (Vêpres siciliennes).

1283 Mort de Léolyn, prince gallois; le pays de Galles est réuni à l'Angleterre.
1284 Bataille de Méloria; victoire de Gênes sur Pise, dont la flotte est détruite.
1291 Jean Baillol et Robert Bruce se disputent la couronne d'Écosse.
1288 Combat naval dans l'Adriatique entre Gênes et Venise; celle-ci est vaincue.

XIVᵉ SIÈCLE.

1302 Les états généraux en France.
1305 Résidence des papes à Avignon.
1307 Révolte des cantons suisses.
1325 Othman, chef d'une tribu turque, s'empare de Pruse, en Bithynie.
1328 Iwan Iᵉʳ réunit les principautés de Moscou, Twer et Novgorod.
1397 Union de Calmar entre les royaumes de Suède, Norvége et Danemark.

1302 Première assemblée des états généraux en France. Lutte entre le pape Boniface VIII et le roi de France Philippe le Bel.
Bataille de Courtray, perdue par les Français sur les Flamands.
Lutte à Florence entre les Guelfes (les Noirs et les Blancs).

1304 Bataille de Mons-en-Puelle, gagnée par les Français sur les Flamands.
Fondation du collége de Navarre à Paris.
1305 Bertrand de Goth, archevêque de Bordeaux, est élu pape, sous le nom de Clément V ; il transporte sa résidence à Avignon.
1307 Révolte des cantons suisses.
Werner Stauffacher, Walter Furst et Arnold de Melchtal, chefs des trois cantons Schwitz, Uri et Unterwalden, font serment de mourir pour la patrie.
Arrestation des Templiers par ordre de Philippe le Bel, roi de France.
1309 Conjuration à Venise ; conseil des Dix.
1315 Affranchissement des serfs en France.
Bataille de Morgarten, gagnée par les Suisses.
1316 Première application de la loi salique en France ; Philippe V succède à son frère Louis X.
1325 Othman, chef d'une tribu turque, s'empare de Pruse en Bithynie ; Orkhan, son fils, lui succède, et prend le titre de sultan.
1328 Seconde application de la loi salique ; Philippe de Valois est nommé roi de France.
Iwan Ier réunit sous sa domination les principautés de Moscou, Novgorod et Wladimir.
1332 Lutte entre David Bruce et Édouard Baillol pour le trône d'Ecosse ; David passe en France.
1336 Prétentions d'Edouard III, roi d'Angleterre, au trône de France ; commencement de la guerre entre les deux royaumes, dite guerre de Cent ans.

QUATORZIÈME SIÈCLE.

1342 Guerre de la succession de Bretagne, la France et l'Angleterre y prennent part.
1343 Avénement de Jeanne Ire au trône de Naples.
1346 Bataille de Crécy, désastre des Français.
1347 Nicolas Rienzi nommé tribun à Rome.
1349 L'ordre de la Jarretière, institué par Édouard III en Angleterre.
1354 Mort d'André Dandolo, doge de Venise; avénement de Marino Faliero.
1356 Bataille de Poitiers; Jean le Bon, roi de France, est fait prisonnier par le prince de Galles, surnommé le prince Noir.
Publication de la Bulle d'Or en Allemagne par l'empereur Charles IV.
1360 Traité de Brétigny; Jean rentre dans ses États.
Mort d'Orkhan, son fils Amurath lui succède.
1361 La Bourgogne revient à la couronne de France par la mort de Philippe de Rouvres, qui en fait don à Jean le Bon.
1365 Traité de Guérande, signé sous Charles V, roi de France; il termine la guerre de la succession de Bretagne.
1366 Du Guesclin conduit les Grandes Compagnies en Espagne, au secours de Henri de Transtamare, qui disputait le trône de Castille à Pierre le Cruel, son frère.
1368 Bataille de Montiel; Pierre est assassiné par Henri de Transtamare, qui devient roi de Castille.
1370 Conquêtes de Tamerlan, chef des Mongols.

Mort de Casimir III, roi de Pologne, dernier prince de la famille des Piasts.

1377 Mort d'Édouard III; minorité de Richard II, sous la tutelle de ses oncles.

Le pape Grégoire XI rentre à Rome; les papes ont résidé soixante-dix ans à Avignon.

1378 Mort du pape Grégoire XI à Rome; grand schisme d'Occident.

Mort de Galéas Visconti à Milan; ses fils Jean et Barnabo lui succèdent.

1379 Lutte entre Venise et Gênes; disgrâce de l'amiral Pisani à Venise; Gênes refuse la paix.

1380 Mort de Charles V en France; minorité de Charles VI; ses oncles gouvernent en son nom.

1381 Insurrection de Wat Tyler à Londres.

Venise et Gênes signent la paix.

1386 Avénement de Jagellon au trône de Pologne; il prend le nom de Wladislas.

Bataille de Sempach; les Suisses sont victorieux du duc Léopold d'Autriche; dévouement d'Arnold de Winkelried.

1392. Démence de Charles VI; troubles en France, les oncles du roi gouvernent.

1396 Croisade contre les Turcs; bataille de Nicopolis; plusieurs princes français sont faits prisonniers par Bajazet Ier.

1397 Union de Calmar entre les trois royaumes de Suède, Norvége et Danemark; Marguerite de Waldemar fait reconnaître pour son successeur Éric le Poméranien, son petit-neveu.

XVᵉ SIÈCLE.

1415 Bataille d'Azincourt.
1420 Traité de Troyes.
1429 Jeanne d'Arc délivre la France.
1440 Découverte de l'imprimerie.
1449 Fin du grand schisme d'Occident.
1453 Prise de Constantinople par les Turcs.

1402 Bataille d'Ancyre, défaite de Bajazet par Tamerlan.
1407. Assassinat du duc d'Orléans par Jean sans Peur, duc de Bourgogne.
1409 Hérésie de Jean Huss à Prague.
Troubles en France, faction des Armagnacs et des Bourguignons.
1415 Bataille d'Azincourt perdue par les Français contre les Anglais.
1419 Assassinat de Jean sans Peur par Tanneguy Duchâtel, en présence du dauphin.
1420 Traité de Troyes, signé par Isabeau de Bavière, qui déshérite son fils, et donne la couronne de France au roi d'Angleterre.
1422 Mort de Charles VI; son fils Charles prend la couronne à Poitiers
1429 Jeanne d'Arc fait lever le siége d'Orléans aux Anglais, et conduit le roi à Reims.
1431 Mort de Jeanne; elle est brûlée à Rouen par les Anglais.

MOYEN AGE.

1435   Mort de la reine de Naples Jeanne II, qui a reconnu pour héritier René d'Anjou.

1437   Entrée de Charles VII à Paris.
Troubles en Écosse ; Jacques Ier est assassiné.

1440   Invention de l'imprimerie par Jean Gutenberg, né à Strasbourg.

1444   Les états votent une taille perpétuelle pour l'entretien des troupes, et la France aura une armée permanente.

1449   Lutte d'Amurath contre Scanderbeg et Jean Huniade.
Fin du grand schisme d'Occident; Nicolas V est reconnu seul pape.

1450   Bataille de Formigny, gagnée par les Français sur les Anglais.
Une bible est imprimée à Mayence par Jean Gutenberg, Fust de Mayence et Schæffer.

1453   Prise de Constantinople par les Turcs sous le commandement de Mahomet II; Constantin XII, dernier empereur, se fait tuer dans la mêlée.

TEMPS MODERNES

1455 Commencement de la guerre des deux Roses en Angleterre, entre les maisons d'York et de Lancastre; Henri VI est fait prisonnier.
Mort du pape Nicolas V.
1456 Siége de Belgrade par les Turcs; Jean Huniade les repousse, mais il est tué en combattant.
1458 Mathias Corvin succède à Ladislas comme roi de Hongrie.
1461 Le fils du duc d'York, âgé de vingt ans, est nommé roi d'Angleterre, sous le nom d'Édouard IV.
Avénement de Louis XI, roi de France.
1464 Mort de Cosme de Médicis, à Florence.
1465 Bataille de Montlhéry entre Louis XI et la noblesse; traités de Conflans et de Saint-Maur.
1468 États de Tours; la Normandie est déclarée réunie à la couronne.
1469 Mariage de Ferdinand d'Aragon et d'Isabelle de Castille.
1475 Traité de Pecquigny entre Louis XI et Édouard IV.
1476 Batailles de Morat et Granson, gagnées par les Suisses sur le duc de Bourgogne, Charles le Téméraire.

1477 Mort de Charles le Téméraire au siége de Nancy.
1478 Conjuration des Pazzi à Florence, contre Laurent et Julien de Médicis; Julien seul est assassiné.
1483 Les deux fils d'Édouard IV sont assassinés par le duc de Glocester, leur oncle, qui se fait couronner roi sous le nom de Richard III.
Mort de Louis XI, avénement de Charles VIII, sous la régence d'Anne de Beaujeu, sa sœur.
1485 Lutte entre Richard III, roi d'Angleterre, et le comte de Richmond, Henri Tudor; bataille de Bosworth, Richard est tué, Henri est reconnu roi.
1491 Siége de Grenade par Ferdinand et Isabelle.
1492 Découverte de l'Amérique par Christophe Colomb. Ivan III fonde Ivangorod.
1495 Conquête du royaume de Naples par Charles VIII.
1498 Mort de Charles VIII à Amboise; le duc d'Orléans lui succède sous le nom de Louis XII.

XVIe SIÈCLE.

1509 Victoire d'Agnadel par Louis XII.
1518 Condamnation de Luther par le pape Léon X.
1520 Charles-Quint empereur.
1523 Gustave Vasa roi de Suède.

SEIZIÈME SIÈCLE.

1531 Henri VIII, chef de l'Église anglicane.
1545 Concile de Trente.
1501 Alliance de Louis XII et de Ferdinand le Catholique pour s'emparer du royaume de Naples.
1503 Désastre des Français en Italie, batailles de Séminare et Cérignolles.
 Élection du pape Jules II.
1509 Victoire d'Agnadel, remportée par Louis XII sur les Vénitiens.
1511 Ligue sainte formée par le pape contre la France.
1513 Bataille de Flowden; Jacques IV, roi d'Écosse, y périt avec une partie de la noblesse.
1515 Avénement de François Ier, roi de France.
1516 Mort de Ferdinand le Catholique; son petit-fils, Charles d'Autriche, lui succède; Ximénès gouverne en attendant l'arrivée du jeune prince.
 Traité de Noyon entre François Ier et Charles. Paix perpétuelle avec les Suisses; concordat entre le roi de France et le pape.
1518 Diète d'Augsbourg; Luther est condamné par le pape Léon X.
 Christian, roi de Danemark, vaincu par Sténon Sture, emmène prisonniers ses otages, parmi lesquels se trouve Gustave Vasa.
1519 Conquête du Mexique par Fernand Cortez.
1520 Charles-Quint couronné empereur.
 Gustave Vasa revient en Suède, et se réfugie en Dalécarlie.

1521 Commencement de la guerre entre François Ier et Charles-Quint.

Mort de Léon X.

1523 Gustave Vasa roi de Suède.

1525 Bataille de Pavie ; François Ier est fait prisonnier, et conduit à Madrid ; régence de sa mère Louise de Savoie.

1530 Origine du Collége de France ; Guillaume Budé occupe les premières chaires de grec et d'hébreu.

1531 Ligue de Smalkade entre les princes protestants d'Allemagne.

Henri VIII, roi d'Angleterre, se fait reconnaître par le Parlement chef de l'Église anglicane.

1533. Conquête du Pérou par François Pizarre.

1534 Ignace de Loyola fonde la Compagnie de Jésus.

1535 Calvin, né à Noyon, veut réformer Luther, et fonde une nouvelle secte.

1645 Concile de Trente, assemblé pour condamner l'hérésie de Luther ; il dure dix-huit ans, à plusieurs reprises, et formule les règles de la doctrine catholique.

1556 Abdication de Charles-Quint ; il renonce à l'empire en faveur de son frère Ferdinand Ier ; et à l'Espagne, en faveur de Philippe son fils.

1558 Mort de Marie Tudor, reine d'Angleterre, que Philippe II d'Espagne a épousée quatre ans auparavant ; avénement d'Élisabeth au trône d'Angleterre.

1559 Traité de Cateau-Cambrésis, entre le roi de

SEIZIÈME SIÈCLE.

France Henri II et Philippe II, roi d'Espagne.
1560 Conjuration d'Amboise.
Mort de François II ; Charles IX lui succède. Régence de Catherine de Médicis ; départ de Marie Stuart, veuve de François II ; elle retourne en Écosse.
1561 Colloque de Poissy entre les catholiques et les protestants.
1563 François, duc de Guise, assassiné par Poltrot. L'armée royale reprend le Havre aux Anglais. Charles IX est déclaré majeur.
1567 Insurrection dans les Pays-Bas espagnols ; le duc d'Albe établit le tribunal de sang.
1572 Massacres de la Saint-Barthélemy.
1579 Sept provinces des Pays-Bas se réunissent pour former une république, dont le prince d'Orange est nommé stathouder.
1580 Philippe II, roi d'Espagne, est proclamé roi de Portugal.
1585 Mort du pape Grégoire XIII, avénement de Sixte-Quint.
1588 La Grande Armada de Philippe II est détruite par la tempête.
Assassinat du duc de Guise et du cardinal, son frère, aux états de Blois.
1589 Assassinat d'Henri III par Jacques Clément.
1590 Siége de Paris par Henri IV.
1598 Traité de Vervins, qui termine la guerre entre la France et l'Espagne.
Édit de Nantes, qui accorde aux protestants le libre exercice de leur culte.

1598 Mort de Philippe II, roi d'Espagne; son fils, Philippe III lui succède; le duc de Lerme, premier ministre, a toute l'autorité.

Divorce d'Henri IV avec Marguerite de Valois.

XVII° SIÈCLE.

1603 Avénement des Stuarts au trône d'Angleterre.
1609 Les Maures expulsés d'Espagne.
1618 Guerre de Trente ans, en Allemagne.
1624 Ministère de Richelieu.
1648 Traité de Westphalie.
1653 Cromwell nommé protecteur d'Angleterre.
1678 Traité de Nimègue.
1689 Pierre Ier sur le trône de Russie.
1697 Charles XII roi de Suède.

1600 Conspiration de Biron en France. Henri IV envahit les États du duc de Savoie. Mariage du roi de France avec Marie de Médicis.
1603 Mort d'Élisabeth, reine d'Angleterre; Jacques Stuart, roi d'Ecosse, fils de Marie Stuart, monte sur le trône d'Angleterre.

1605 Conspiration des poudres en Angleterre.
1606 Premier établissement des Anglais dans l'Amérique du Nord.
Les Français s'établissent au Canada.
1609 Philippe III, roi d'Espagne, reconnaît l'indépendance des Provinces-Unies.
Les Maures sont expulsés d'Espagne.
1610 Mort d'Henri IV, assassiné par Ravaillac ; deuil général, avénement de Louis XIII. Régence de Marie de Médicis.
Jacques Ier dissout le parlement anglais.
1614 Remontrances du nouveau parlement ; il est dissous.
Convocation des états généraux en France.
1617 Mort de Concini et de sa femme Éléonore Galigaï, favoris de Marie de Médicis.
1618 Révolte à Prague, commencement de la guerre de Trente ans en Allemagne.
1624 Richelieu entre au conseil par l'influence de Marie de Médicis ; il devient bientôt tout-puissant.
1625 Mort de Jacques Ier, roi d'Angleterre ; son fils Charles Ier lui succède ; il épousera Henriette de France, sœur de Louis XIII.
1628 Siége de la Rochelle ; les protestants sont forcés de se rendre.
1630 Gustave-Adolphe, roi de Suède, entre en Allemagne avec une armée pour secourir les protestants. Période suédoise de la guerre de Trente ans.
1631 Marie de Médicis se retire à Bruxelles.
1632 Mort de Gustave-Adolphe à la bataille de Lut-

zen; sa fille Christine, âgée de sept ans, lui succède sous un conseil de régence.

1635 Période française de la guerre de Trente ans.
Fondation de l'Académie française et du Muséum d'histoire naturelle.

1641 Exécution de Strafford, ministre de Charles I*er*.
Jean de Bragance est reconnu roi de Portugal.

1642 Commencement de la guerre civile en Angleterre; Charles I*er* quitte Londres.
Mort de Marie de Médicis à Cologne.
Mort de Richelieu; Mazarin lui succède.

1643 Mort de Louis XIII; avénement de Louis XIV, âgé de cinq ans; régence de la reine Anne d'Autriche.
Disgrâce du duc d'Olivarès en Espagne.

1644 Victoires du duc d'Enghien.
La reine d'Angleterre vient chercher un refuge en France.

1646 Charles I*er* se confie aux Écossais qui le livrent aux Anglais moyennant 400,000 livres sterling.

1647 Révolte à Palerme; Joseph d'Alesio, élevé au pouvoir par le peuple, est assassiné par les pêcheurs.
Révolte à Naples; le pêcheur Thomas Aniello (Masaniello) reste au pouvoir pendant six jours, puis il est assassiné.

1648 Victoire de Lens, remportée par le prince de Condé; arrestation de Broussel et Blancmesnil, conseillers au Parlement. **Guerre de la Fronde.**

Traité de Westphalie, signé à Munster et à Osnabruck ; il termine la guerre de Trente ans.

1649 Exécution de Charles Ier à Londres ; la royauté est abolie en Angleterre.

1653 Cromwell dissout le Parlement, et en nomme un autre, qui lui défère le titre de protecteur.

Jean de Witt est nommé grand pensionnaire de Hollande.

1654 Abdication de Christine de Suède en faveur de son cousin Charles X Gustave ; elle abjure le luthéranisme et se rend à Rome.

1659 Traité des Pyrénées entre la France et l'Espagne ; l'infante Marie-Thérèse épousera Louis XIV, en renonçant à la couronne d'Espagne. Condé est rétabli dans ses droits.

1660 Charles II rentre à Londres ; il est rétabli sur le trône par le dévouement du général Monk.

1661 Mort de Mazarin ; le roi gouverne lui-même.

1665 Mort de Philippe IV, roi d'Espagne ; son fils Charles II, âgé de quatre ans, lui succède, sous le gouvernement de sa mère Marie-Anne d'Autriche.

1667 Paix de Bréda, entre la France, l'Angleterre et la Hollande.

1668 Traité d'Aix-la-Chapelle entre la France et l'Espagne ; Louis XIV ne garde que la Flandre.

Abdication de Jean-Casimir, roi de Pologne ; il devient abbé de Saint-Germain-des-Prés en France.

1672 Guillaume d'Orange est nommé stathouder,

guerre de Hollande; coalition contre la France.

1673 Victoire de Sobieski à Choczim; peu après il est reconnu roi de Pologne.

1678 Traité de Nimègue.

1679 Dissolution du parlement en Angleterre; bill *habeas corpus.*

1680 Louis XIV reçoit le titre de Grand.

1683 Vienne, assiégée par les Turcs, est délivrée par Sobieski.

Duquesne bombarde Alger.

1685 Mort de Charles II, roi d'Angleterre; son frère, le duc d'York, lui succède sous le nom de Jacques II.

Révocation de l'Édit de Nantes.

Publication du Code noir, qui règle la condition des esclaves dans les colonies.

1688 Guillaume d'Orange, soutenu par le parlement, passe en Angleterre; Jacques II, renversé du trône, se retire en France.

1689 Le parlement d'Angleterre déclare le trône vacant. Guillaume d'Orange est reconnu roi.

Incendie du Palatinat par les armées françaises.

Pierre, czar de Russie, enlève le pouvoir à sa sœur Sophie, et gouverne lui-même.

1690 Bataille de la Boyne en Irlande, perdue par Jacques II.

1697 Avénement de Charles XII au trône de Suède, à l'âge de quinze ans.

Traité de Ryswick entre la France, l'Espagne, l'Angleterre, la Hollande et l'Empire;

Louis XIV reconnaît Guillaume d'Orange roi d'Angleterre.

1698 Voyage de Pierre Ier en Europe ; il introduit en Russie la civilisation, l'industrie et les arts.

XVIIIe SIÈCLE.

1701 Guerre de la succession d'Espagne.
1713 Traité d'Utrecht.
1741 Guerre de la succession d'Autriche.
1748 Traité d'Aix-la-Chapelle.
1756 Guerre de Sept ans.
1763 Traités de Paris et d'Hubertsbourg.
1775 Guerre de l'indépendance, en Amérique.
1789 Assemblée des états généraux, en France.
1793 Révolution française.

1700 Mort de Charles II, roi d'Espagne ; il reconnaît pour héritier Philippe d'Anjou, second fils du dauphin de France.
1701 Frédéric III, duc de Brandebourg, prend le titre de roi de Prusse, sous le nom de Frédéric Ier.
Guerre de la succession d'Espagne.
1702 Mort de Guillaume III, roi d'Angleterre ; avéne-

ment d'Anne Stuart, fille de Jacques II ; son mari, le roi de Danemark, ne prend aucune part au gouvernement.

1704 Stanislas Leczinski roi de Pologne.
1709 Charles XII est défait à Pultava.
1713 Traité d'Utrecht, qui met fin à la guerre de la succession d'Espagne ; Philippe V garde le trône, et Louis XIV fait détruire le port de Dunkerque.
1715 Mort de Louis XIV ; son arrière-petit-fils Louis XV lui succède, sous la régence du duc d'Orléans.
1716 Création de la banque de Law en France.
1718 Conspiration de Cellamare, ambassadeur d'Espagne contre le régent ; elle est découverte.

Pierre le Grand fait mettre à mort son fils Alexis.
Mort de Charles XII au siége de Fredéricshall.

1719 Disgrâce d'Albéroni, premier ministre d'Espagne.
1720 Banque de Blunt en Angleterre.
1721 Le czar abolit la dignité de patriarche en Russie, et se déclare chef suprême de la religion.
1722 Mort du duc d'Orléans ; le duc de Bourbon est nommé ministre.
1725 Rupture entre la France et l'Espagne ; le duc de Bourbon renvoie l'infante, et fait épouser à Louis XV Marie Leczinska, fille du roi de Pologne détrôné Stanislas.

Mort de Pierre le Grand ; Catherine, sa femme, règne seule.

1726 Le cardinal Fleury, précepteur du roi, est nommé ministre, en remplacement du duc de Bourbon.
1727. Mort de Catherine Ire en Russie; Pierre II, fils d'Alexis, lui succède.
1730 La Corse secoue le joug des Génois.
Mort de Pierre II; Anne, princesse de Courlande, fille d'Iwan, monte sur le trône de Russie.
1733 Mort du roi de Pologne Frédéric-Auguste; Stanislas essaye de reprendre la couronne; mais Auguste II, fils du dernier roi, est proclamé.
1740 Mort de l'empereur d'Allemagne, Charles VI; sa fille, Marie-Thérèse, lui succède en vertu de la pragmatique sanction autrichienne.
Avénement de Frédéric II le Grand au trône de Prusse.
1741 Guerre de la succession d'Autriche.
1745 Bataille de Fontenoy, gagnée par le maréchal de Saxe sur les Impériaux.
François Ier, époux de Marie-Thérèse, est élu empereur.
1748 Traité d'Aix-la-Chapelle, qui termine la guerre de la succession d'Autriche; la France ne réclame aucun avantage.
1751 Fondation de l'École militaire en France.
1754 La Corse se soulève de nouveau contre Gênes, et prend pour chef le général Paoli, âgé de 28 ans seulement.
1755 L'Angleterre capture deux vaisseaux français et

trois cents navires marchands; guerre maritime entre les deux nations.

1756 Guerre de Sept ans; la France s'allie avec l'Autriche contre la Prusse et l'Angleterre.
1759 Le duc de Choiseul est nommé ministre.
1761 Pacte de famille, signé entre tous les princes de la Maison de Bourbon qui règnent en Europe.
1763 Traités de Paris et d'Hubertsbourg, qui terminent la guerre de Sept ans; la France perd une partie de ses colonies.
1762 Mort de Pierre III; Catherine II, sa femme, règne seule.
1765 Mort de l'empereur François Ier; son fils Joseph II est nommé empereur, mais Marie-Thérèse continue de gouverner.
1768 Gênes cède à la France l'île de Corse.
1769 Naissance de Napoléon Bonaparte en Corse.
1770 Mariage de Louis, Dauphin de France, avec Marie-Antoinette d'Autriche, fille de Marie-Thérèse. Disgrâce du duc de Choiseul.
1773 Mort du roi de Sardaigne Charles-Emmanuel III; son fils, Victor-Amédée, lui succède à l'âge de 47 ans.
1774 Mort de Louis XV; avénement de Louis XVI.
1775 Révolte des colonies d'Amérique contre l'Angleterre; guerre de l'indépendance.
1776 Turgot et Malesherbes, ministres de France, se retirent des affaires. Necker est nommé directeur général des finances.
1780 Mort de Marie-Thérèse; son fils Joseph II, em-

pereur depuis quinze ans, prend la direction des affaires.

1786 Mort de Frédéric le Grand; son neveu Frédéric-Guillaume lui succède.

1788 Mort de Charles III, roi d'Espagne; Charles IV, son fils, lui succède.

1789 Assemblée des états généraux en France.
Commencement de la Révolution française.
Assemblée constituante.
Aux États-Unis une constitution est adoptée, Washington est élu président.

1790 Révolte des provinces belges contre l'Autriche. Insurrection en Hongrie.
L'empereur Joseph II meurt avant d'avoir pu comprimer ces révoltes; son frère Léopold II lui succède.

1790 Fête du Champ de Mars à Paris, la Fédération; le roi prête serment à la Constitution.

1791 Fuite du roi Louis XVI et de sa famille; ils sont arrêtés à Varennes.
L'Assemblée législative remplace la Constituante.

1792 Décret contre les émigrés; le peuple envahit les Tuileries.
Le roi, suspendu de ses fonctions, est enfermé au Temple. Massacres de septembre.
Convention nationale. La royauté est abolie en France, et la république proclamée.

1793 Mort de Louis XVI.
Guerre européenne. Guerre civile dans la Vendée.

1794 Révolution du 9 thermidor. Mort de Robespierre.
Révolte des noirs contre les blancs à Saint-Do-

mingue; Toussaint Louverture et Dessalines chefs des insurgés.

1795 Le Directoire.
Rewbell, Barras, Laréveillère-Lépaux, Letourneur et Carnot sont nommés directeurs.
Partage de la Pologne entre la Russie, l'Autriche et la Prusse.

1796 Succès des armées françaises sous Moreau, Kléber et Hoche.
Victoires de Bonaparte en Italie : Lodi, Castiglione, Arcole, etc.

1797 Traité de Campo-Formio, dicté par Bonaparte à l'Autriche, qui cède à la France la Lombardie et la Belgique.
Une république italienne est fondée sous le nom de république cisalpine.

1798 Expédition d'Égypte, nouvelles victoires de Bonaparte, prise d'Alexandrie, bataille des Pyramides.

1799 Retour du général Bonaparte en France; il laisse le commandement de l'armée d'Égypte à Kléber.
Divisions parmi les membres du gouvernement.
18 brumaire, abdication du Directoire; Bonaparte est nommé Premier Consul.
Mort du pape Pie VI, à Valence, en Dauphiné.

XIXe SIÈCLE.

1804 Napoléon, empereur.

1805 Bataille d'Austerlitz.
1812 Les Français à Moscou.
1814 La France envahie par les alliés.
   Abdication de Napoléon.
   Louis XVIII, roi de France.
1815 Retour de Napoléon ; les Cent-Jours.
   Louis XVIII rentre en France.
1830 Révolution en France.
   Louis-Philippe, roi.
1848 Abdication de Louis-Philippe ; la république est proclamée.
1852 Napoléon III, empereur.

1800 Bataille de Marengo ; nouvelles victoires de Bonaparte en Italie.
   Division de la France en sous-préfectures.
   Réunion de l'Irlande à l'Angleterre sous un même gouvernement.
   Élection du pape Pie VII.
1801 Traité de Lunéville qui confirme le traité de Campo-Formio.
   Mort de Paul Ier en Russie ; avénement de son fils Alexandre Ier.
1802 Traité d'Amiens entre l'Angleterre et la France.
   Concordat entre le pape et la France.
   Institution de la Légion d'honneur.
   Nouveau projet de loi sur l'enseignement ; création de quarante lycées.

Napoléon Bonaparte Premier Consul à vie.
1804 Napoléon empereur.
L'empereur d'Allemagne, François II, prend le titre d'empereur d'Autriche.
Publication du Code civil en France.
1805 Napoléon roi d'Italie.
Guerre entre l'Autriche et la Russie.
Départ de la grande armée.
Capitulation d'Ulm; les Français à Vienne, bataille d'Austerlitz.
Traité de Presbourg avec l'Autriche.
1806 Joseph Bonaparte, frère aîné de l'empereur, est nommé roi de Naples; Louis Bonaparte, roi de Hollande; et le général Murat, grand-duc de Berg et de Clèves.
Les principautés de l'Allemagne prennent le nom de Confédération du Rhin, sous la protection de la France.
Napoléon établit le blocus continental contre l'Angleterre.
Guerre contre la Prusse et la Russie; bataille d'Iéna; les Français à Berlin et à Varsovie.
1807 Traité de Tilsitt entre l'empereur Napoléon et l'empereur Alexandre.
Le royaume de Westphalie est donné à Jérôme Bonaparte, le plus jeune frère de l'empereur; et le grand-duché de Varsovie, au roi de Saxe.
Les Français en Portugal; la famille de Bragance part pour le Brésil.
Désordres dans la famille royale en Espagne;

arrestation de Ferdinand, prince des Asturies.

1808 Système continental établi par Napoléon.

Une armée française entre en Espagne; conférence de Bayonne au sujet des troubles qui divisent la famille royale; abdication de Charles IV; Joseph, roi de Naples, est nommé roi d'Espagne; Murat, roi de Naples.

Guerre d'Espagne.

1809 Continuation de la guerre en Espagne; guerre avec l'Autriche; les Français une seconde fois à Vienne; nouvelles victoires des armées françaises.

Divorce de Napoléon avec Joséphine.

1810 Mariage de l'empereur Napoléon Ier avec Marie-Louise, archiduchesse d'Autriche.

Napoléon enlève plusieurs provinces à la Hollande; son frère Louis renonce à la couronne qu'il ne peut soutenir avec indépendance; et la Hollande est réunie à l'empire français.

Charles XIII, roi de Suède, qui n'a pas d'enfants, adopte pour son successeur le général Bernadotte; celui-ci embrasse le protestantisme et prête serment à la Constitution.

1811 Naissance d'un fils de l'empereur Napoléon Ier; on lui donne le titre de roi de Rome.

Démence du roi d'Angleterre, Georges III; le prince de Galles est nommé régent.

Suite de la guerre d'Espagne.

1811 Massacre des Mameluks par Méhémet-Ali, pacha d'Égypte.
1812 Guerre de Russie.
Les Français à Moscou ; incendie de Moscou par les Russes. Passage de la Bérésina.
1813 Alliance des puissances européennes contre la France.
Napoléon rend l'Espagne à Ferdinand VII par le traité de Valençay.
1814 Les alliés envahissent la France.
Victoires de Napoléon à Champ-Aubert et Montmirail.
Capitulation de Paris ; abdication de Napoléon en faveur de son fils.
Rentrée de Louis XVIII en France.
On donne à Napoléon l'île d'Elbe ; et à Marie-Louise, les duchés de Parme et de Plaisance.
Congrès de Vienne entre la Russie, l'Autriche, la Prusse et l'Angleterre.
1815 Partage de la Pologne.
La Belgique est réunie à la Hollande sous le nom de Pays-Bas ; Guillaume d'Orange est nommé roi.
Napoléon débarque à Cannes, et le 20 mars il arrive à Paris ; Louis XVIII se retire à Gand.
Insurrection en Vendée.
Nouvelle coalition des puissances alliées.
Bataille de Waterloo.
Louis XVIII rentre en France, les alliés occupent Paris. Signature du traité de la Sainte-Alliance entre les quatre grandes puissances.

DIX-NEUVIÈME SIÈCLE.

1815 Napoléon va demander asile à l'Angleterre, il est conduit à Sainte-Hélène.

Traité de Vienne, signé par les puissances alliées ; il confirme le traité de Paris et règle les rapports des États de l'Allemagne.

1816 Mort de la reine de Portugal Marie ; son fils, roi du Brésil, prend le titre de roi de Portugal, sous le nom de Jean VI, mais continue de résider au Brésil.

1818 Congrès d'Aix-la-Chapelle ; les troupes alliées évacuent la France, qui leur payera comme indemnité deux cent soixante-cinq millions.

Le fils de Napoléon est nommé duc de Reichstadt.

Mort de Charles XIII, roi de Suède ; avénement de Bernadotte.

1819 Guerre d'indépendance dans la Nouvelle-Grenade ; Bolivar à la tête des troupes ; les républiques du Vénézuela, la Nouvelle-Grenade et l'État de Quito sont réunis sous le nom de Colombie.

1820 Mort du roi d'Angleterre Georges III ; son frère, déjà régent, lui succède.

Assassinat du duc de Berry en France ; quelques mois après sa mort, naissance d'un fils qui reçoit le titre de duc de Bordeaux.

1821 Bolivar est nommé président de la Colombie.

Victor-Emmanuel, roi de Piémont, abdique en faveur de son frère Charles Félix.

Le roi de Portugal Jean s'embarque pour le Portugal, laissant la régence du Brésil à son fils don Pedro.

Mort de Napoléon Ier à Sainte-Hélène.
Révolte des Grecs contre les Turcs.

1822 Le Brésil se sépare du Portugal, don Pedro est nommé empereur; il donne une nouvelle Constitution.

Don Miguel, second fils de Jean VI, roi de Portugal, essaye de détrôner son père.

Ministère de M. de Villèle en France.

Troubles en Espagne. Congrès de Vérone entre les grandes puissances pour décider l'intervention en Espagne.

Le Mexique proclame son indépendance.

La Grèce est déclarée indépendante par le Congrès d'Épidaure.

Cruauté des Turcs à Chio; la ville est saccagée.

Canaris fait sauter le vaisseau amiral des Turcs.

Le vice-roi d'Égypte envoie du secours au sultan, une partie de sa flotte est détruite.

Médiation de l'Angleterre et de l'Autriche auprès de la Porte pour faire cesser la guerre.

1823 Nouvelle Constitution donnée au Brésil par don Pedro; guerre d'Espagne, intervention de la France; l'armée française est placée sous le commandement du duc d'Angoulême. Prise du Trocadero.

Suite de la guerre entre la Turquie et la Grèce; siége de Missolonghi; mort héroïque de Marco Botzaris.

Mort du pape Pie VII; Léon XII est élu.

1824 Mort de Louis XVIII; son frère, Charles X, le remplace.

Négociations en faveur des Grecs ; mort de lord Byron à Missolonghi ; massacre de Chio par les Turcs.

1824 Congrès général des États américains du Sud, à Buenos-Ayres, pour l'établissement d'un gouvernement central.

1825 Mort de l'empereur de Russie Alexandre Ier ; son frère Nicolas lui succède.

Bolivar est nommé dictateur du Pérou. Le Pérou, divisé en deux États, forme la Bolivie et le Pérou.

Ibrahim en Grèce ; nouveau siége de Missolonghi ; tentative de Canaris pour brûler la flotte égyptienne.

1826 Protocole entre l'Angleterre et la Russie pour la pacification de la Grèce.

Prise de Missolonghi après une résistance héroïque. Division entre les Grecs, deux partis se forment.

Mort de Jean VI, roi de Portugal ; son fils, don Pedro, est reconnu roi, mais il cède la couronne à sa fille doña Maria, âgée de sept ans, qui épousera don Miguel, son oncle.

Révolte des janissaires à Constantinople, ils sont massacrés par ordre du sultan Mahmoud.

1827 Après des négociations inutiles, la France, l'Angleterre et la Russie interviennent dans les affaires de la Grèce ; les trois escadres réunies remportent la victoire de Navarin.

Troubles dans Paris.

Rupture de la France avec Alger.

4.

1828 Don Miguel se fait proclamer roi de Portugal; guerre entre les deux frères.

Gouvernement provisoire en Grèce ; Capo d'Istria est nommé président.

1829 Ferdinand VII, veuf une troisième fois, épouse Marie Christine, fille du roi de Naples.

Ministère du prince de Polignac en France.

L'Angleterre reconnaît don Miguel comme roi de Portugal; doña Maria retourne au Brésil. Cruautés de don Miguel.

1830 Mort du roi d'Angleterre George IV; son frère, Guillaume IV, lui succède.

Prise d'Alger par les Français.

Révolution en France (27, 28 et 29 juillet). Abdication de Charles X en faveur du duc de Bordeaux. Le duc d'Orléans, d'abord nommé lieutenant-général, est ensuite reconnu roi sous le nom de Louis-Philippe Ier.

Charles X quitte la France; il se retire en Angleterre.

Révolution à Bruxelles.

Insurrection en Pologne.

Mort du pape Pie VIII; troubles à Rome.

1831 Le prince de Saxe-Cobourg Léopold, veuf en premières noces de la princesse Charlotte d'Angleterre, est reconnu roi des Belges.

Traité entre la France et l'Angleterre pour empêcher la traite des noirs.

Élection du pape Grégoire XVI ; révolution dans les États de l'Église.

Don Pedro vient en Europe soutenir les droits de sa fille doña Maria ; avant de quitter le Brésil, il abdique en faveur de son fils, âgé de cinq ans ; et nomme un conseil de régence.

Émeutes en France ; ministère de Casimir Périer.

Soulèvement de la Pologne ; le prince Adam Czartoriski est nommé président.

Assassinat de Capo d'Istria en Grèce.

1832 Othon de Bavière est nommé roi de Grèce ; il est âgé de dix-sept ans ; pendant trois ans une régence gouvernera.

Occupation d'Ancône par les Français.

Mariage du roi des Belges avec la princesse Louise, fille aînée du roi des Français.

Siége d'Anvers.

Mort de Casimir Périer.

La duchesse de Berry en Bretagne et en Vendée.

Mort du duc de Reichstadt, fils de Napoléon Ier.

1833 Mort de Ferdinand VII en Espagne. Avènement de la reine Isabelle II, âgée de quatre ans ; régence de la reine mère Marie-Christine ; don Carlos, frère du roi, se fait proclamer roi.

Troubles en Espagne.

Traité d'alliance entre la Porte et la Russie, signé à Unkiar-Skelessi.

1834 Mort de don Pedro ; mariage de doña Maria, reine de Portugal, avec le duc de Leuchtenberg, fils du prince Eugène de Beauharnais.

1835 Mort de François II, empereur d'Autriche; son fils, Ferdinand Ier, lui succède.
1836 Mort de Charles X à Goritz.
Nouveau mariage de la reine de Portugal; elle épouse Ferdinand-Auguste de Saxe Cobourg-Gotha. Troubles à Lisbonne.
Troubles en Espagne; Madrid en état de siége.
1837 Mort de Guillaume IV, roi d'Angleterre; sa nièce, Victoria, fille du duc de Kent, est nommée reine à dix-huit ans.
Mariage du duc d'Orléans avec la princesse Hélène de Mecklembourg-Schwerin.
1838 Naissance du comte de Paris, fils du duc d'Orléans et de la princesse Hélène.
1840 Mariage de la reine d'Angleterre avec le prince Albert de Saxe-Cobourg-Gotha.
Expédition du duc d'Aumale et du duc d'Orléans en Algérie.
Les cendres de l'empereur Napoléon Ier sont ramenées en France par le prince de Joinville, et déposées aux Invalides.
Mort du roi de Prusse, Frédéric-Guillaume III; son fils, Frédéric-Guillaume IV, lui succède.
1841 Première expédition de l'Angleterre contre la Chine; capitulation de Canton.
Traité de commerce entre l'Angleterre et la Perse.
Les Chambres en Espagne donnent la régence à Espartero, duc de la Victoire, qui prête serment à la Constitution.
1841 Soulèvement des populations chrétiennes en Syrie.

1842 Nouvelle expédition de l'Angleterre en Chine, traité de Nanking; Canton et quatre autres ports seront ouverts au commerce européen.

L'amiral Dupetit-Thouars s'empare des îles Marquises pour la France.

Mort du duc d'Orléans sur la route de Neuilly.

1843 La reine d'Espagne est déclarée majeure.

Abd-el-Kader s'avance jusqu'aux portes d'Alger; prise de sa tente et de ses troupeaux par le duc d'Aumale.

1844 Expédition de la France contre le Maroc; bombardement de Tanger et de Mogador par le prince de Joinville.

Mort du roi de Suède Bernadotte, son fils Oscar Ier lui succède.

1845 Insurrection des Kabyles en Algérie; ils sont défaits.

Massacre des chrétiens par les Druses dans le Liban.

1846 Mariage de la reine d'Espagne avec l'infant don François.

Mort du pape Grégoire XVI, élection de Pie IX. Amnistie politique.

Révolte dans l'Inde; les seikhs sont défaits.

Révolte en Pologne; le territoire de Cracovie est annexé à l'Autriche.

1847 Réformes libérales des divers États de l'Italie; symptômes d'agitation contre l'Autriche.

1847 Expédition du général Bugeaud, gouverneur de l'Algérie, contre la grande Kabylie.

Le duc d'Aumale est nommé gouverneur général.

Abd-el-Kader se rend au général Lamoricière.

1848 Troubles à Paris; on demande la réforme; l'insurrection n'est pas réprimée, la révolution éclate (22, 23 et 24 février).

Abdication de Louis-Philippe en faveur du comte de Paris, avec la régence de la duchesse d'Orléans; elle n'est pas acceptée.

Départ de Louis-Philippe; la république est proclamée. Gouvernement provisoire.

Assemblée constituante. Commission exécutive composée de cinq membres : Arago, Garnier-Pagès, Marie, Lamartine, Ledru-Rollin.

Envahissement de l'Assemblée constituante; elle est dissoute.

Fête nationale au Champ-de-Mars. Insurrection de juin (23); Paris en état de siége (25); le général Cavaignac a tous les pouvoirs.

Mort de l'archevêque de Paris, Monseigneur Affre, sur les barricades.

Proclamation de la Constitution (novembre).

Le prince Louis Napoléon, fils de l'ancien roi de Hollande, Louis Bonaparte, est élu président par le suffrage universel (10 décembre).

Révoltes successives en Italie; le pape quitte Rome et se retire à Gaëte.

Charles-Albert, roi de Sardaigne, donne une Constitution à son peuple.

1848 Venise se déclare en république, Manin est nommé président.

Mort du vice-roi d'Égypte, Ibrahim-Pacha.

1849 Révolte dans l'Inde ; les seikhs sont défaits, et le Penjab est réuni aux possessions anglaises.

Révolte en Hongrie ; Kossuth est nommé président.

Victoire de l'Autriche sur le roi de Sardaigne.

Charles-Albert abdique en faveur de son fils, Victor-Emmanuel.

Traité entre l'Autriche et le Piémont.

Une armée française entre à Rome sous la conduite du général Oudinot ; les triumvirs Mazzini, Garibaldi, Avezzana, cessent d'exercer le pouvoir.

Venise se soumet à l'Autriche.

1850 Mort de Louis-Philippe en Angleterre.

Le pape rentre à Rome.

Le comte de Cavour nommé ministre en Piémont.

Lutte des Circassiens contre la Russie ; ils sont commandés par Schamyl.

1851 Dissolution de l'Assemblée législative en France. Proclamation du président au peuple (2 décembre).

Le prince Louis-Napoléon, président, est élu pour dix ans par le suffrage universel.

Nouvelle Constitution.

1852 Napoléon III proclamé empereur par le suffrage universel (2 décembre).

1853 Mariage de l'empereur Napoléon III avec la comtesse de Téba, Eugénie de Montijo, fille d'un grand d'Espagne.

Exigences de la Russie au sujet des chrétiens du

culte grec, dont le czar se dit le protecteur; la France et l'Angleterre disposent leurs flottes pour venir au secours de la Turquie.

1854 Guerre d'Orient. Les flottes de France et d'Angleterre dans la mer Noire.

Le maréchal Saint-Arnaud est nommé commandant en chef des Français; et, lord Raglan, des Anglais. Le prince Napoléon commande une division. Débarquement des troupes à Eupatoria. Victoire de l'Alma; mort du maréchal Saint-Arnaud. Le commandement est donné au général Canrobert; puis, au général Pélissier. Victoire d'Inkermann.

1855 Mort de l'empereur Nicolas; son fils, Alexandre II, lui succède.

Prise de Sébastopol.

1856 Naissance du Prince impérial, fils de l'empereur Napoléon III et de l'impératrice Eugénie (16 mars).

Congrès de Paris entre les grandes puissances pour régler la question d'Orient; la paix est signée le 30 mars.

1859 Guerre d'Italie entre l'Autriche et le Piémont; la France intervient.

L'empereur Napoléon III commande en personne: Victoires de Magenta et de Solferino.

FIN

PARIS
IMPRIMÉ CHEZ BONAVENTURE ET DUCESSOIS.
55, QUAI DES GRANDS-AUGUSTINS.

www.ingramcontent.com/pod-product-compliance
Lightning Source LLC
LaVergne TN
LVHW052109090426
835512LV00035B/1335